WILHELM RUDOLPH · DAS ZERSTÖRTE DRESDEN

Universal
Bibliothek

KUNSTWISSENSCHAFTEN

Wilhelm Rudolph
DAS ZERSTÖRTE DRESDEN

65 Zeichnungen

Mit einem Essay von Horst Drescher

1988

Verlag Philipp Reclam jun. Leipzig

Mit einem Aufsatz von Karl Max Kober „Ein Höhepunkt der Dresdner Kunstgeschichte".
Herausgegeben von Heinfried Henniger

ISBN 3-379-00291-7

© Verlag Philipp Reclam jun. Leipzig 1988

Reclams Universal-Bibliothek Band 1265
1. Auflage
Umschlaggestaltung: Friederike Pondelik unter Verwendung einer Federzeichnung von Wilhelm Rudolph
aus dem Zyklus „Das zerstörte Dresden", Werderstraße
Lizenz Nr. 363. 340/113/88 · LSV 8116 · Vbg. 7,1
Printed in the German Democratic Republic
Grafischer Großbetrieb Völkerfreundschaft Dresden
Gesetzt aus Garamond-Antiqua
Bestellnummer: 661 420 0
00300

WILHELM RUDOLPH

Das zerstörte Dresden

Das heraufdämmernde Licht des 14. Februar 1945 erhellte nur noch eine glühende, qualmende Brandstätte an der Elbe, da, wo am Vortage Dresden gewesen war. Langgezogene Flammenhälse leckten an den Trümmerfassaden hintastend den letzten Sauerstoff aus Löchern und Abgründen. Der in der Flammenglut flüssig gewordene Asphalt hielt die Schuhe der vor dem Tode Flüchtenden unbarmherzig fest. Noch nach Monaten fand ich immer wieder diese Zeugen der Todesnacht, immer wieder Frauen- und Kinderschuhe. Die Katastrophe hatte ich schon lange auf mich zukommen sehen. Zu Neujahr 1944/45 sah ich am hohen sonnenhellen Winterhimmel ihre Herolde als Silbervögel ungestört stundenlang über Dresden kreisen. Jetzt aber hatte der moderne Bombenkrieg zugeschlagen und stand mit seiner brutalen Konsequenz vor meinen Augen, und ich selbst sah mich in seine radikale Zerstörung nackt und bloß mitten hineingestellt.

In der ruhelosen Vorstellung zwischen Schlaf und Wachen grub ich mit stählernem Griffel die Bilder der Zerstörung in Metall und Steinplatten, Strich um Strich wie Wunden ein. Bei nüchternem Tageslicht stand mir dann ein kleines Paket Zanders Büttenpapier, etwas Tusche und eine Rohrfeder zur Verfügung, die ich hätte retten können. Damit ging ich wie in einem Zwangszustand an mein Vorhaben. Mein erster Versuch, die Trümmerstätte meines einstigen Zuhause zu zeichnen, mißlang. Soldaten, die ich nicht vermutet hatte, verwehrten mir die Weiterarbeit: Dresden sei Festung. Mit Freundeshilfe überwand ich diese Schwierigkeiten. Nach der Besetzung blieb es nicht weniger schwierig. Ausgebombt, hungernd, mit meiner Frau nur in provisorischen Bleiben hausend, geringgeschätzt in meiner Not, fand mein Vorhaben keinerlei Verständnis und wurde bestenfalls belächelt. Das Wort „Dokument" ließ man einigermaßen gelten für meine Arbeit, so daß ich weiterarbeiten konnte. Instinktiv flohen und mieden die Menschen die tote Stadt. Gesindel machte sie unsicher. Mich aber zwang es, hineinzugehen und die toten Wohnstraßen aufzusuchen und sie zu zeichnen, die Unabsehbarkeit der zerstörten Flächen festzuhalten. So reihte sich Blatt an Blatt zu einem Werk, das im Frühjahr 1946 seinen Abschluß fand. Einhundertfünfzig Rohrfederzeichnungen davon sind in einer Mappe vereinigt unter der Bezeichnung „Das zerstörte Dresden".

Es besteht noch eine zweite Folge, Aquarelle und farbige Zeichnungen, die ich mit „Dresden als Landschaft" bezeichnet habe. Sie stellt nach der unmittelbaren Kriegszerstörung den nachfolgenden Zerfall durch Frost und Schnee, Sturm und Regen dar. Der Blick schweift frei über bizarre, zerbröckelte Trümmer. Der weite Himmel bestimmt mehr und mehr das Bild. Aus einst gepflegten Gärten wuchert Pflanzenwuchs. Die Natur gewinnt sich das weite Stadtgebiet zurück. Der Sandstein, das bevorzugte Baumaterial des alten Dresden, gab den Trümmern viel Skelettartiges. Seine Oberfläche war in den Flammen in schönen gelben und roten Farben verglüht. Den Fassaden schien die Haut abgezogen zu sein. Aber immer noch, auch im Tode, bewahrten sie den großartigen Formwillen ihrer Schöpfer. Als Zeugen einer großen früheren Epoche waren sie rührend schön und einsam in tiefer Trauer. Am entsetzlichsten stellten sich die zerstörten modernen Betonbauten dar. Die Betondecken und -wände hingen als riesengroße formlose Lappen in den mageren Gestalten.

Im Sommer 1945 erlebte ich am Rathaus in Dresden ein Unwetter von ungewöhnlicher Wut. In den Ruinen erhob sich ein Sandsturm, vor dem ich mich nur mit Not in tiefer gelegene Gewölbe retten konnte. Die an den stählernen Sparren und Firsten des bloßgelegten hochgezogenen Dachstuhls im neubarocken Dresdener Stil baumelnden riesigen Kupferbleche, die einstige Dachdecke, begannen in dem Sturm wild gegeneinander zu schlagen. Das Toben des Sturmes, das Krachen stürzender Mauerreste, die ungeheuerlichen Gongschläge der tanzenden Kupferbleche erzeugten eine tumultuarische apokalyptische Musik über das tote Dresden.

DAS ZERSTÖRTE DRESDEN

65 Zeichnungen

1
Rietschelstraße
mit Moltkeplatz

2
Frauenkirche

3
Frauenkirche

4
Hospiz Zinzendorfstraße

5
Bürgerwiese

6
Bürgerwiese

7
Bürgerwiese

8
Scheffelstraße

9
Kaulbachstraße

10
Albrechtstraße

11
Blochmannstraße

12
Seidnitzer Straße

13
Flemmingstraße

14
Ringstraße

15
Ringstraße

16
Große Plauensche Gasse

17
Waisenhausstraße

18
Ferdinandstraße

19
Galeriestraße

20
Christianstraße

21
Christianstraße

22
Neue Gasse

23
Blick von der
Kunstakademie
zum Neumarkt

24
Neumarkt mit dem
vom Sockel gestürzten
Lutherdenkmal

25
Am Neumarkt

26
Ecke Schnorr-
und Gutzkowstraße

27
Ecke Schnorr-
und Gutzkowstraße

28
Rietschelstraße

29
Palais Johann Georg

30
Königsufer
mit Ministerium

31
Am Königsufer,
24. Oktober 1945

32
Dürerplatz

33
Steinstraße

34
Rampische Straße

Dresden

W. Rudolph

35
Johannesstraße

36
Reichsstraße

37
Reichsstraße

38
Pirnaische Straße

39
Georgplatz

40
Freiberger Platz

Zöllnerstr.

W. Rudolph

41
Zöllnerstraße

42
Holbeinplatz

· 43
Holbeinstraße

44
Mathildenstraße

45
Großer Garten

46
Bismarckplatz

47
König-Johann-Straße

48
Nürnberger Straße

49
Strehlener Straße

50
Ammonstraße

51
Franklinstraße

52
Amalienplatz

53
Amalienplatz

54
Johann-Georgen-
Allee

55
Sidonienstraße

56
Wilsdruffer Straße

57
Prager Straße

58
Technische Hochschule

59
Werderstraße

60
Rosenstraße
mit Annenkirche

61
Rosenstraße

62
Schulgutstraße

63
Rathaus

64
Figuren
vom Mozartbrunnen
an der Bürgerwiese

65
Zerstörte Elbbrücken:
Albert- und Carola-
Brücke

KARL MAX KOBER

Ein Höhepunkt der Dresdner Kunstgeschichte

Wilhelm Rudolphs Zeichnungen und Holzschnitte vom zerstörten Dresden gehören zu jenen Werken, denen eine kunstgeschichtliche Ortung allein nicht gerecht werden kann. Dennoch ist sie notwendig.
Vielleicht gelingt sie am besten, wenn man das Konvolut in drei Beziehungszusammenhänge stellt: den europäischen, den deutschen und den lokalen.
Kriegsgeschehen ist Darstellungsgegenstand, seit es bildende Kunst gibt. Der erste Grafiker, der es zyklisch erfaßte, war der Franzose Jacques Callot (1592–1637). In zwei Radierungsfolgen stellte er 1632/33 in exzellenten, barock-dramatischen Kompositionen die „Misères de la guerre", die Schrecknisse des Dreißigjährigen Krieges dar.
Rund einhundertfünfundsiebzig Jahre später widmete der Spanier Goya zweiundachtzig Aquatinta-Blätter dem Freiheitskampf seines Volkes gegen die napoleonische Unterdrückung. Schonungslos und leidenschaftlich setzte er Kampf, Sieg, Niederlage, Heldentum und grausame Rache ins Bild. Die Folge erhielt später den Titel „Desastres de la Guerra" (1810 bis etwa 1820).
Auch der Radierungszyklus „Bauernkrieg" von Käthe Kollwitz muß hier genannt werden, obwohl das Sujet der ferneren Vergangenheit entstammt. Die sieben, zwischen 1903 und 1905 entstandenen Tiefdrucke wirken aktuell und monumental.
Nur zwanzig Jahre sollten vergehen, bis Otto Dix seine fünfzig Radierungen unter dem Titel „Der Krieg". veröffentlichte. Die eigenen Erlebnisse als Soldat im ersten Weltkrieg bewegten ihn, bis in die rigorose Strichführung hinein und durch Einsatz der Ätztechnik zur Erzeugung morbider Strukturen die physische und psychische Destruktion gnadenlos zu veranschaulichen.

Aus neuerer Zeit sind noch die zu einer Mappe gefügten Lithographien „Der faschistische Alptraum" von Bernhard Heisig aus den Jahren 1967/68 hinzuzufügen. Waren die Arbeiten von Callot, Goya, Kollwitz und Dix Zyklen klassischer Art, das heißt, ereignishaft-szenisch aufgebaut, so gilt das für Heisigs Lithographien nicht. Er schildert kaum bestimmte Vorgänge, sondern legt in bedrängender Weise den deformierten Bewußtseinszustand der Akteure bloß.

Wilhelm Rudolph sah sich vor eine ganz andere Aufgabe gestellt, als er mit seiner Bestandsaufnahme des zerstörten Dresden begann. Nicht die Katastrophe selbst war sein Thema, sondern ihr Resultat. Die Stadt lag wie ein riesiges, surreales Stilleben vor ihm, in dem man sich zwar noch mühsam bewegen konnte, Lebendiges selbst einem aber nur in absurden Konstellationen begegnete. Zu gestalten war nicht nur die Trümmerwüste, sondern ein Augenblick, in dem die Geschichte erschöpft den Atem anhielt.

Es gehört zu den unerforschlichen Umständen, daß gerade in Dresden ein Künstler bereitstand, das Unmögliche zu versuchen. Wohl wurden im zweiten Weltkrieg viele Städte ebenso zerstört, aber vor allem drei Namen stehen für das Ganze: Coventry, Dresden und Hiroshima. Coventry fiel als erste Stadt dem Bombenterror zum Opfer, Dresden und Hiroshima waren die beiden letzten.

Nach Kriegsende wurden viele Trümmer- und Ruinenbilder geschaffen – dramatisch, gespenstisch, traurig, grotesk, manchmal sogar poetisch verklärt. Nicht viele haben Aussicht, in der Kunstgeschichte einen festen Platz zu finden. Der Komplex von Zeichnungen und Holzschnitten Wilhelm Rudolphs – „Dresden 45" – gehört jedoch zu den Spitzenleistungen europäischer Kunst.

Bei der Suche nach einer gültigen Charakterisierung für die von Rudolph verwendeten Ausdrucksmittel stößt man unweigerlich auf den „Expressionismus". Auch wenn der Künstler, wie im Text von Horst Drescher nachzulesen, jede Beziehung zur „Brücke" leugnete, so bezeugen doch seine Holzschnitte von Anfang an eine geistige Verwandtschaft zu ihr, was nicht Zuneigung bedeuten muß.

Stilbegriffe sind Verständigungsformeln zur Einstiegsorientierung, also nur Ausgangspunkte für die eigentliche analytische Arbeit. In unserem Fall kommt eine Schwierigkeit hinzu, die Rainer Zimmermann zutreffend so beschrieb: „Der expressive Realismus ist kein Stil, sondern eine künstlerische Grundhaltung. Eine Haltung, die sich ihrer selbst erst bewußt geworden ist in der Ablehnung aller jener Stilisierungsversuche, die seit der Zeit des Jugendstils die Erscheinungsformen der modernen Kunst beherrscht haben." (Die Kunst der verschollenen Generation. Düsseldorf – Wien 1980, S. 155.) Zweifellos gehört Wilhelm Rudolph zu diesen „expressiven Realisten", die nicht auf einen Stil oder auf bestimmte Gestaltungsmittel festzulegen sind.

Da an dieser Stelle ausführlichere Deduktionen unangebracht wären, sei nur auf eine qualitative Besonderheit der Rudolphschen Arbeiten hingewiesen, die der Betrachter selbst überprüfen kann. Der Expressionismus gilt als Antithese, als ein Gegenschlag zum Impressionismus. Betrachtet man jedoch die hier zur Debatte stehenden Zeichnungen und Holzschnitte, stellt man überrascht fest, daß viele von ihnen ihre expressive Wirkung dem Einsatz impressionistischer Mittel verdanken. Gemeint ist der Aufbau der Großformen aus vielen kleinen und kleinsten Strichelungen oder Strukturfacetten, so daß eine Einheit von lapidarer Schlagkraft und atmosphärischer Wirkung entsteht. Gleichzeitig gewinnt der Betrachter – vor allem vor einigen Holzschnitten – für Momente den Eindruck, daß sich nicht nur die dargestellten Trümmer durch Erosion auflösen, sondern daß sogar das bedruckte Papier vor seinen Augen zu zerfallen scheint. Der Fall ist einzigartig.

Immer wieder wurde darüber gestritten, ob es gerechtfertigt ist, die Blätter Rudolphs als Dokument (oder als Dokumente) zu bezeichnen und ob eine solche Bewertung nicht ihren künstlerischen Rang beschädige. Die Frage ist müßig, denn diese Arbeiten sind beides – topographisch genaue Bestandsaufnahmen und großartige Inventionen zugleich. Sie bezeugen, daß ihr Schöpfer mit ebenso präzis beobachtendem Verstand wie mit allen Sinnen und tiefer Betroffenheit am Werke war.

Die Gestaltqualität, der emotionale Klang und ihr, nur aus der singulären Situation heraus zu erklärender, geistig-moralischer Inventurcharakter machen sie zu Hauptwerken der neueren deutschen Kunstgeschichte.

Die Situation der bildenden Kunst in Dresden war seit Beginn unseres Jahrhunderts voller Widersprüche. Neben Vertretern einer gepflegten Malkultur in der Nachfolge von Gotthardt Kuehl und Robert Sterl traten immer wieder Protestanten auf den Plan, so die Künstler der „Brücke", Otto Dix, Conrad Felixmüller und andere. Oskar Kokoschka konnte dort nicht heimisch werden. In Dresden gab es nicht nur eine der aktivsten Gruppen der ASSO mit den beiden Grundigs, Lachnit, Querner, Griebel, Schulze und Hoffmann, sondern schon in den zwanziger Jahren massive Ansätze zu einer faschistischen Kulturpolitik. Dazwischen funktionierte ein normaler bürgerlicher Kunstbetrieb mit dieser und jener Gruppenbildung, mit Ausstellungen, Kunsthandlungen und Sammlern sowie einer Kritik, die sich den besten Kräften gegenüber oft uninteressiert zeigte.

Verfolgt man die Biographien verschiedener Dresdner Maler, so fällt deren Seßhaftigkeit auf. Bernhard Kretzschmar bezeichnete gar die „Reiserei" als ein Unding. Ob man darin mehr Bequemlichkeit und Mangel an geistiger Beweglichkeit oder aber ein starkes Selbst- und Heimatbewußtsein erkennen soll, ist eine Frage der Interpretation. Sicher gibt es beides. Manche Äußerung von Dresdner Künstlern verrät eine Haßliebe zur Stadt und ihrer Umgebung.

Der 1889 in Chemnitz geborene Wilhelm Rudolph lebte seit 1908 in Dresden und durchlebte alle Höhen und Tiefen der politischen und künstlerischen Entwicklung. Er wurde zu einem jener „Dresdner", die zeitlebens das Gefühl nicht loswerden konnten oder wollten, Fremde zu sein. Damit bewahrten sie sich ihre kritische Distanz.

Will man Rudolphs Stellung in der Dresdner Kunstlandschaft bestimmen, begegnet man der Schwierigkeit, daß sich sein malerisches Œuvre vom grafischen beträchtlich unterscheidet. Während er als Maler, bei aller Berücksichtigung der Besonderheiten in der Sujetwahl und im Duktus, in die erwähnte Nachfolge von Kuehl und Sterl gestellt werden kann, gehört er als Holzschneider zu jener starken Gruppe deutscher Künstler, die durch harten Zugriff auf die Realität und eine übersteigerte Formsprache der allgemeinen, politisch-sozial bedingten äußeren und inneren Unruhe Ausdruck verliehen. Die Farbe und die Linie waren ihm sehr unterschiedliche Gestaltungsmittel. Mancher Kunstfreund und Kritiker gibt dem grafischen Werk den Vorzug vor dem malerischen. Darüber soll hier nicht gerechtet werden.

Wenngleich es Rudolph beschieden war, ein hohes Alter zu erreichen und er bis in die letzten Tage seines Lebens noch viele gute Bilder und Holzschnitte schuf, so ist sein Werkkomplex „Dresden 45" doch ein Höhepunkt seines Œuvres sowie der Kunstgeschichte seiner widersprüchlich geliebten Stadt.

HORST DRESCHER

Der alte Wilhelm Rudolph

Dieser Dschingis-Khan sah neben dem gefangenen General seinen Adjutanten stehen, und der hätte sich doch aus dem Staube machen können. Der Khan fragt ihn auch, warum er sich nicht aus dem Staube gemacht hat, und bekommt zur Antwort: „Ein Mensch mit Charakter bleibt sich selbst treu. Auch in schweren Stunden." Amüsiert zwirbelt Wilhelm Rudolph an seinen buschigen, ausgewachsenen Augenbrauen und beobachtet mich.

„Und weil das ein fähiger Kopf war, hat der Khan ihn später zu seinem Kanzler gemacht. Der hat mal dem Dschingis-Khan erklärt: Höre, erobern kann man so ein Riesenreich vom Pferderücken aus, aber vom Pferderücken aus kann man es nicht verwalten! Das war eine herbe Wahrheit; aber der durfte das dem allmächtigen Feldherrn sagen; das hat der akzeptiert, weil er in der Stunde der Not Charakter gezeigt hatte, das hatte dem Khan imponiert. Und die Geschichte hat das aufbewahrt." Und dem Wilhelm Rudolph imponiert das ebenfalls sichtlich, und daß das die Geschichte aufbewahrt hat, denn es streift einen wieder einer dieser unternehmungslustigen Blicke aus seinen hellen, tiefliegenden Augen. Ja, man muß sich auskennen in der Geschichte, sagt dieser Blick. Und Charakter zeigen.

Eine gute Stunde währt nun schon unsere Unterhaltung im Hause dieses unbekannten bekannten Malers in der Kirschauer Straße, hoch oben über Dresden, in diesem kalten und ungemütlichen Atelierraum. Bilderstapel an den Wänden, an meiner Wand, neben meinem unbequemen hochrückigen Stuhle, Stapel von eingefärbten Holzschnittplatten. Eine Staffelei vor dem nackten Fenster. Ein großer alter Tisch voller abgelegter Dinge. Ein großer Koffer neben dem Ofen. Ein Glasaschenbecher auf dem Fensterbrett. Von der Decke hängt eine Glühlampe. Alles ist hier zufällig, dient eben seinem Zweck. Der Maler Wilhelm Rudolph sitzt auf einem wackligen, stoffbezogenen Hocker, solche Hocker gab's in den Nachkriegsjahren; er erzählt und beobachtet mich. Weniger nach Plan kann eine Sache eigentlich gar nicht laufen; denn ich war gekommen, um etwas über den Mann zu erfahren, der das untergegangene Dresden in seinen Zeichnungen festgehalten hat.

„Diese Schwachköppe haben immer geschrieben, ich hätte während des Angriffs gezeichnet, während des Angriffs. Während des Angriffs, da ist man um sein Leben gelaufen, um sein nacktes Leben! Keine Ahnung. Die Stadt hat drei Tage lang gebrannt, in den Kellern hat es nach einer Woche noch gebrannt." Als ich erwähne, daß doch Richard Peter damals fotografiert habe, wischt er meine Bemerkung weg. „Peter kam im Herbst. Hahn hat fotografiert."

Versuche, auf die Maler seiner Generation zu sprechen zu kommen, sind auch nicht sehr weit gediehen. Es sind ja zwei große Maler in den gleichen Jahren aus Chemnitzer Vororten gekommen: Karl Schmidt aus Rottluff und Wilhelm Rudolph aus Hilbersdorf. Dazu bekam ich nur einen Satz: „Schmidt-Rottluff wurde mir immer vorgezogen", dazu ein langes und beredtes Schweigen. Später noch: „Die Brücke-Leute habe ich gar nicht gekannt; die verzogen sich bald von Dresden nach Berlin. Die kamen auch alle aus bürgerlichen Elternhäusern."

Über Bernhard Kretzschmar, er kam aus Döbeln, und sie sind beide vom Jahrgang 1889, erfahre ich schon mehr. „Kretzschmar pflanzte sich immer neben mir auf!" Und das scheint ihn heute noch zu amüsieren. „Wo ich war, da war der auch. Der hatte sein Atelier immer neben meinem. Als ich im August 1914 ins Feld zog: Der gleich rein in mein Atelier!"

Und Otto Dix? Dix kam aus einem Vorort Geras, aus einer Arbeiterfamilie wie Wilhelm Rudolph. „Dix war ein hochbegabter Maler." Und dann noch: „Otto Dix war auch ein kluger Geschäftsmann."

Und Josef Hegenbarth? „Hegenbarth war ein Ängstlicher. Aber ein guter Kerl, zuverlässig, menschlich anständig; der hatte einen Onkel an der Akademie. Tiermaler. Außerdem konnte er in Zeiten der Verfemung ausweichen, er war vor allem Illustrator."

„Kuehl, Bantzer, Sterl. Mein Lehrer war Robert Sterl. Der Mann konnte alles. Ein Werk, viel zuwenig geschätzt.

Kuehl hatte den Impressionismus von Paris nach Dresden gebracht. Ein feiner Mann! Kuehl bestimmte an der Akademie. Der Hof schlug vor, Kuehl entschied.

Da hatte es mal geheißen, Kuehl schanze seinen Freunden die besten Posten zu. Da hat der gesagt: Jawohl, die fähigsten Leute gehören an die entscheidenden Posten! Und daß die besten Maler meine Freunde sind, daraus kann man mir doch wohl keinen Vorwurf machen."

Wilhelm Rudolph strahlt vor Vergnügen, das war nach seinem Geschmack. „Gotthardt Kuehl – Alte Schule!"

„Wir hatten in Dresden die allererste dieser diffamierenden Ausstellungen ‚Entartete Kunst'. Im Herbst 1933. Im Lichthof des Rathauses. So eine zusammengehauene Ausstellung, gehängt auf Sackleinen. Diffamierende Unterschriften, Preise der Inflationszeit; eine Gemeinheit! Das hatte Müller ins Werk gesetzt, Richard Müller, der neue Rektor, dieser Lump. Das war sein Werk.

Es traf viele gute Maler. Dix traf es voll, der war ja gleich entlassen worden. Von mir hingen dort nur drei, vier Sachen, wegen Expressionismus; ich war dort nur eine Randerscheinung."

Wilhelm Rudolph erzählt in Andeutungen von harten Auseinandersetzungen im Lehrerkollegium. Viele Gedanken bricht er ab, mit einem merkwürdigen Lächeln. „Es gibt keine Verworfenheit, mit der ein Intellektueller nicht kokettiert; wenn er Angst hat. Alle hielten den Mund. Es war zu gefährlich: Die Fanatiker führten das Wort." Seine Gedanken sind in jener Zeit, aber er will nicht erzählen. „Ich habe mich für Dix eingesetzt. So kann man doch mit gestandenen Leuten nicht umgehen! Was man sagte, wurde sofort nach oben gemeldet; das waren die ersten Steine zu meiner Entlassung."

Sein Gesicht ist starr in unangenehmen Erinnerungen, sein Blick ins Unbestimmte gerichtet, sein Lächeln unangenehm. „Später habe ich mich manchmal gefragt, ob der Mann das auch für einen von uns getan hätte." Sein Schweigen beantwortet seine Frage. „In solchen Zeiten sieht jeder, wo er bleibt."

Im Dezember sechsunddreißig kam dann das Schreiben, daß sich Prof. Wilhelm Rudolph mit sofortiger Wirkung jeder Unterrichtstätigkeit an der Akademie zu enthalten habe. „Das kam von Mutschmann, dem Reichsstatthalter; weil ich den Mund aufgemacht hatte, weil ich den Mund nicht gehalten hatte." Und ab 1937 durfte auch der Sächsische Kunstverein keine Werke von ihm mehr ankaufen. „Das war der Boykott, das war die Rache; aber dahinter steckte der Rektor, dieser Richard Müller. Denn Mutschmann, der gab sich gerne umgänglich; Mutschmann war ein Spießer." Danach Schweigen, merkwürdiges Schweigen, als ob verdrängte Erlebnisse ihm vor Augen stehen. Er war doch ein Betroffener in mehr als einem Sinne. Er kannte gewiß sehr genau die Karriere dieses Gauleiters einer gnadenlosen Staatsmacht; bis hin zum verdienten Ende im Mai fünfundvierzig, als jene kläglich ihre Haut zu retten versuchten, die Hunderttausende Menschen in Elend und Tod geführt hatten.

Es war einmal ein Satz gefallen von einem Besuch des Gauleiters in Rudolphs Atelier. Die neuen Machthaber haben gewiß um das Wohlwollen der Künstler geworben; sie brauchten Reputation, auch ein Maler von Rang konnte sie geben. Verschüttete Geschichte, verdrängte Geschichten.

„Mutschmann war ein gescheiterter Fabrikant. Aus Plauen. Spitzen und Posamenten. Dem hatten Börsenjobber in der Inflationszeit einen fingierten Riesenauftrag nach Südamerika aufgedreht; und das war eben der Schwindel. Über Nacht verlor der Mann alles.

Von Kunst verstand er gar nischt: aber es imponierte ihm. Machtmenschen verstehen nischt von Kunst;

aber sie schmücken sich gerne." Da ist wieder ein hintergründiges Lächeln, und dann eine Pantomime mit ausdrucksstarken Händen, er schmückt sich, er macht sich lustig, er vertreibt, wie so oft, mit seiner Heiterkeit Schatten der Angst.

„Umgänglich und undurchschaubar! Zu mir hat er einmal gesagt: Glaubt nicht, daß ich euch nicht durchschaue; ich habe euch lange durchschaut. Kunstbolschewisten seid ihr im Grunde. Und ihr wollt euch nicht einordnen, weil ihr euch nicht unterordnen wollt. Ich warne euch, treibt es nur bis zu einer gewissen Grenze!

Müller hatte viele Jahre die Zeichenklasse geleitet; der gehörte zu diesen tückischen Braven; die wollen, aber können nicht. Und dreiunddreißig sofort rein in die Partei. Und gleich Rektor. Müller war ein Fanatiker, dreiunddreißig kamen die hoch. Die so sehr wollen, aber nicht können; die hassen jeden, der kann. Die spüren natürlich, was ihnen fehlt, und sie leiden darunter; das macht sich dann mal Luft." Wir reden lange über diesen Richard Müller; die müssen sich gehaßt haben.

Aber während ich noch diesen bedenkenswerten Gedanken nachhänge, fügt er hinzu: „Das war so ein Schöner; so ein vor Gesundheit strotzender Albino. Alle schöpferischen Menschen haben die Nase nach links!" Und er wendet mir sein markantes Greisengesicht voll zu. Tatsächlich! Wir lachen. Ja, man muß sich eben nicht nur in der Geschichte auskennen.

Wie Wetter im Hochgebirge ziehen die Stimmungen über Rudolphs Gesicht, schon hat er wieder etwas Jungenhaft-Schadenfrohes, und er fällt in ein herrliches Sächsisch.

„Der malte mal einen sterbenden Goliath; konnte der gar nicht; brachte der gar nicht. Der sollte in seinem ‚Todeskampfe' Grasbatzen rausreißen! Da sah man richtsch, wie er sich solche Grasbatzen aufgehängt hatte, um das zu ‚studieren'; das sah man; wir haben nur gelächelt. Der malte so eine kitschige Naturtreue. – Jetzt möbeln sie seine Kunst wieder auf; ist viel nach Amerika verkauft worden. Ein gefährlicher Mann und ein gemeiner Hund!

Am Ende führen immer die Geistigen das Wort, die der Kunst dienen. Die der Kunst nicht dienen, verschwinden; das ist ein Naturgesetz. Keine Macht kann daran etwas ändern." Er reicht mir mit einer undeutbaren Miene einen Briefumschlag vom Tisch. Ein Einschreiben. Eine Einladung. Eine Einladung zur Nationalpreisverleihung. Man erlaubt sich, ihn herzlich einzuladen. Und erwartet ihn im Palast der Republik. Lindenrestaurant. Am 6. Oktober 1980, also in einer Woche. Orden und Medaillen sind anzulegen.

Während ich überrascht und respektvoll lese, beobachtet er mich; in seinem Gesicht keine Bewegung, nur um den Mund zuckt etwas Erwartendes; denn er achtet auch auf seine Bitterkeit; und herrlich, wenn durch diese Bitterkeit ein Lächeln des Stolzes dringt. Denn er fühlt sich natürlich geehrt, natürlich freut er sich; und sei es nur, weil seine Feinde von solcher hohen Ehrung Kenntnis nehmen müssen.

Nachdem er die Brille aufgesetzt hat und selbst das Kärtchen noch einmal studiert, bemerkt er: „Keine Manieren. Diese Leute fragen gar nicht, wie ich dahin komme!" Er wirft das Kärtchen wieder auf den Tisch, gibt die Brille wieder ins Etui. „Keine Manieren, diese Herrschaften." Und nun erzählt er erst einmal von Herrschaften mit Manieren.

„In den Kanzleien ging es spartanisch einfach zu: Schreibtisch. Zwei Stühle. Kleiderständer. Aktenablage. Spucknapf. Aber da wurde gearbeitet! Und zwar korrekt! Da könnten die sich heute eine Scheibe abschneiden."

Täglich an der Arbeit; unverdrossen seine Lebenskarre ziehend. Bereit zu einem langen Leben, aber wohl auch bereit zu gehen; denn Schlaflosigkeit quält ihn, schwere Schlaflosigkeit. Und was wissen wir von seinen Träumen.

Ein befremdender, ein schwer deutbarer Blick; wie aus großer Ferne auf sein Jahrhundert blickend.

1913. In einer königlich-sächsischen Kanzlei. Man beginnt in Dresden auf den jungen Maler Wilhelm Rudolph aufmerksam zu werden. Ein Jahr später soll er den König malen, den sächsischen König Friedrich

August III. Ein Jahr vorher hat ihn Bantzer gemalt, der berühmte Professor Carl Bantzer aus Kassel. Aber der König wird nicht gemalt, es kommt der August 1914. Der hochbegabte junge Maler rückt ein. Zu den 103ern, die lagen in Bautzen. Dann ging es ins Feld.

Es ist Krieg, und ich bringe das Gespräch auf den nächsten Weltkrieg, erzähle, wie ich in den Ruinenstraßen des untergegangenen Dresden herumgelaufen bin im Herbst 1945. Dort hat er gezeichnet; wir hätten uns begegnen können. Wilhelm Rudolph aber erzählt von den ersten Kriegswochen 1914 in Frankreich. Kaum eine Bewegung in seinem Gesicht, erzählt er eine Stunde lang von den Wochen vor dem eigentlichen Stellungskrieg, jener unvorstellbaren Form von Krieg, und den Verlusten, bis im November endlich Spitzhacken kamen und genügend Schaufeln. Und Dachpappe. Tag und Nacht haben sie auf der nassen Erde gelegen; es gab mehr Rheumakranke als Verletzte; die Nächte waren schon bitter kalt. „Kräftige Kerle mit kaputten Hüftgelenken; die waren Krüppel für ihr ganzes Leben! Krieg ist nicht, wie es in Kriegsbüchern steht." Alle hofften, daß der Krieg zu Weihnachten zu Ende sei, denn die Armeen waren erschöpft. „Die lehnten aneinander vor Erschöpfung. Keiner ahnte, was man aus Völkern noch herausholen kann!" Dann traf ihn die Nachricht, daß sein jüngerer Bruder gefallen sei. Bei den 104ern. „Die sächsischen Regimenter haben einen hohen Blutzoll entrichtet. Und die haben gekämpft! Mit fünf Männeln haben wir manchmal eine Stellung gehalten; der Franzmann kam nicht durch; der konnte das nicht fassen!" Und ein Blick. In diesem Blick ist keine Zeit vergangen seit jener Zeit. „Und die Läuse. Die Läuse!" Rudolphs Gesicht ist noch heute ein Spiegelbild aller jener Widerwärtigkeiten. „Die Uniformen hatten eine so grundhäßliche Farbe nach jeder Entlausung. Eine widerliche Farbe."

Dann erzählt er vom Stellungskrieg. Sein Gesicht ist starr und fremd, voller böser Erinnerungen. Seine letzten Worte: „Barbusse hat den Krieg beschrieben! Henri Barbusse. ‚Das Feuer'. ‚Le Feu'. Barbusse hat uns gegenübergelegen in der Champagne." So vergehen die Stunden.

Die Mutter bleibt außerhalb des Gespräches; ich darf auch nicht zurückkommen darauf im Gespräch. Dann doch, wie immer unvermittelt. „Schwere depressive Zustände." Der Vater habe es sehr schwer gehabt, diese zusätzliche Belastung zu tragen all die vielen Jahre. „Sie ist dann doch auf die Gleise gegangen; hoch ins Gebirge. Auch der Hausschlüssel war zerquetscht. Das Metall."

Hier war es also die Mutter. Und das wollte ausbalanciert sein. Neun Jahrzehnte lang.

Als Vincent van Gogh sich zu erschießen versuchte in den Feldern von Auvers, da hat dieser Mensch seine ersten kleinen Ausflüge gemacht am Hause in Hilbersdorf. Und Tag für Tag arbeitet er noch in seinem Atelierraum. Er nimmt in den letzten Jahren weichere Hölzer für seine Holzschnittplatten; und das klingt wie eine Art Entschuldigung. In den Galerien hängen Gemälde von seiner Hand, meist großformatige Porträts. Er gibt dem Porträtierten stets eine große Würde, ob er einen Staatsmann malt oder einen Lumpenhändler. Und er hat schon einmal einen Nationalpreis erhalten. Mit einem Handschreiben Otto Grotewohls. „In Ihrem ganzen Leben haben Sie Ihre Aufgabe als Humanist erfüllt, und auch die Ihnen zugefügten Erniedrigungen durch den Faschismus konnten Ihre Kraft nicht lähmen. Ihre Werke sind heute zum unverlierbaren kulturellen Besitz des deutschen Volkes geworden, zu Maßstäben für unsere Porträtkunst." Welch eine Ehrung, aber man hatte 1961 die überragende Leistung seines Lebenswerkes offensichtlich gar nicht der Erwähnung wert gefunden.

Bei jedem Dresden-Besuch, wenn ich die Stufen der Brühlschen Terrasse zur Frauenkirche hinunterging, hatte ich diese Rohrfederzeichnung vor Augen „Blick von der Akademie auf die Frauenkirche", signiert: W. Rudolph. Seit einer Generation ist das nun ein Trümmerreservat inmitten des wiedererstandenen Dresden. Ein Refugium vergangener und vergessener Schrecken, in dessen Steinen man im Februar Blumen findet. Alpenveilchen in Gläsern, erfrorene Treibhausrosen, Fichtensträußchen mit Papierblumen. Totengedenken in den Trümmern einer der schönsten Kirchen Deutschlands. „Erbaut 1726–1743." Zerstört in einer Stunde am 13. Februar 1945. Und der Chronist dieser Stunde sollte noch leben in dieser Stadt. Als ihr Ehrenbürger.

Wer vermöchte zwischen aufgezwungener und am Ende selbstgewählter Isolation zu unterscheiden, wer kann das trennen, am Ende.
Und Menschen, die andere ins Abseits drängen, haben immer so etwas rührend Überzeugendes in der Stimme, wenn sie erläutern, wie schade es ist, daß sich da ein Mensch so ins Abseits gestellt hat.

Da sitzt nun der Mann; und es stimmt alles und es stimmt nichts; man soll sich eben immer von allem selbst überzeugen und ein Bild machen. Ein Einzelgänger wird er sein, ein reizbarer, also begabter Einzelgänger; der geborene Einzelgänger. Ein prachtvoller alter Einzelgänger. Hoffentlich begegnen uns Menschen seines Formates nicht immer seltener.
Natürlich hat dieser Mann eigene Ansichten über Gott und die Welt; das möchte ja auch sein, wenn einer neun Jahrzehnte mit hellwachen Augen auf dieser Welt herumgelaufen ist; der hat doch einiges gesehen, der hat doch einiges erlebt, am eigenen Leibe erlebt! „Plebs gibt's zu allen Zeiten; Plebs ist dumm, aber anmaßend, ahnungslos und frech."
Als er mir erklärt, daß der Mensch von seinem Verstande genauso getäuscht werden kann wie vom Glauben und daß nur ja keine Gesellschaftsordnung in dem Wahn leben solle, daß in ihre Fundamente keine Irrtümer eingemauert seien! – da blickt er wie der alte Bernard Shaw, dieses Profil unter dem wirren hellen Haarschopf, in dem er in Erregung mit den Fingern kämmt. Das wollte ich mir nicht entgehen lassen, und ich nehme die Kamera aus dem Beutel.
„Die Kamera blickt mit dem Auge eines Reptils; das menschliche Auge entbehrt niemals der Empfindung."
Und ein sehr mißbilligender Blick; aber er duldet's. Nachher sehe ich mir meine Kamera mit seinen Augen an: Der Mann hat recht.

Das Gespräch kommt wieder auf seine Feinde; offensichtliche Wahrheiten vermischt mit offensichtlichen Ungerechtigkeiten; Verbitterung, wie sie in der Isolation wuchert. Als ich ihm einmal ins Wort falle, da lacht er: „Jawohl. Liebe deine Feinde! Tue Gutes denen, die dir … Wie soll ich dann meine Freunde behandeln? Diejenigen, die mir Gutes getan haben in schweren Zeiten? In sehr schweren Zeiten!"
An den Ansichten dieses Neunzigjährigen über Gott und die Welt wird sich nicht mehr sehr viel ändern; das werden Freund und Feind zur Kenntnis nehmen müssen. Aber soviel Skepsis gegenüber Menschen und Welt muß doch Ursachen haben.

Dieses Greisen-Erzählen, bildhaft, kraftvoll bis zum Anekdotisch-Vergnüglichen; aber der Schärfebereich liegt in großer Ferne.

In einer Monographie hatte ich gelesen, daß Wilhelm Rudolph nach dem Kriege seine Professur wiedererhalten habe, daß er aber seit 1949 als freischaffender Maler und Grafiker in Dresden lebe; ganz seiner Malerei sich widmend. Ich dachte damals: Es kann wohl nach 1945 kein Mangel an qualifizierten Lehrern an unseren Kunsthochschulen geherrscht haben, wenn man es sich gestatten konnte, einen Realisten vom Formate Wilhelm Rudolphs, nach Jahren der Verfemung, auf der Höhe seiner Schaffenskraft, sich ganz seiner Malerei widmen zu lassen.
Eine seiner Schülerinnen erzählte mir, daß er entlassen worden sei. Entlassen mitten im Semester. Und er war ein beliebter Lehrer gewesen; er hatte die größte Malklasse. Man wollte das Helle, das Indiezukunftweisende. Das konnte dieser Mann nicht geben, in diesen ersten Jahren. Welcher Künstler konnte das schon nach diesem 13. Februar. Und ein Rudolph schon gar nicht; der hatte gar keine Wahl. Vielleicht habe er auch gar nicht begriffen, was man von ihm wollte. Und dann habe er doch überall und jedem gesagt, was er dachte; der kommt doch aus so einem Arbeitermilieu.

Mehr wußte diese ehemalige Schülerin auch nicht. Und eben seine Dresden-Zeichnungen, das war nicht gefragt. Ja, und eine Hyäne hatte er gemalt. Das habe gerade noch gefehlt!

Nun konnte ich das alles einmal aus berufenem Munde erfahren. Aber ich erfuhr nichts. Auf meine Fragen bekam ich ein abweisendes Lächeln. „Ich ließ es immer darauf ankommen", und ein langes, vielsagendes Schweigen. Das ist natürlich auch eine Antwort. Wenn man einem Menschen gut zuhört, erfährt man auch, worüber er schweigt.

Zu der Hyäne meinte er: „Ach, das war später. Ich malte gerne im Zoo. Die Hyäne hieß Roland, so ein tapsiges Tier, tat mir leid. Natürlich hatte das Tier auch etwas Gefährliches, etwas Unberechenbares; das habe ich mitgemalt."

Ein Karikaturen-Bändchen hatte sie mir noch gezeigt; da saß Prof. Wilhelm Rudolph auf einem sehr hohen kahlen Baume, auf dem äußersten Aste saß er, dem Betrachter den Rücken zugewandt. Unten schlich um den Baum eine Hyäne. – Was mag nur mit der Hyäne gewesen sein.

Ja, wenn die Karre einmal verfahren ist, wie es so bildhaft im Deutschen heißt. Vermutlich hat es auch nicht an Versuchen gefehlt, Fehlentscheidungen rückgängig zu machen. Aber die Formulierung „Ich ließ es immer darauf ankommen" war schon früher einmal gefallen, als man in anderen für ihn schwierigen Zeiten versucht hatte, ihm goldene Brücken zu bauen.

Er wäre wohl gern nützlich gewesen als Lehrer nach dem Kriege. Seine Schüler reden mit großem Respekt von ihrem Professor; und wenn er von seinen Schülern erzählt, so redet ein guter Lehrer.

Mich macht es nur staunen, daß in einem Arbeiter-und-Bauern-Staat berechnendes Taktieren, subtiles diplomatisches Verhalten, taktische und strategische Geschmeidigkeiten zu Tugenden werden konnten. Gradlinigkeit, Offenheit, Ehrlichkeit und Aufrichtigkeit und Wahrheitsliebe, das waren einmal proletarische Tugenden. Diese Art, durchs Leben zu gehen, gehörte einmal zu den am höchsten geachteten Eigenschaften des Menschen. Man bemerkt verwundert, mit welcher Verwunderung sie heute erinnert werden. Es werden doch so viele proletarische Traditionen gepflegt, diese wären sehr schöne und vor allem menschenwürdige.

Und sollte man mir jemals erläutern, welche Schwierigkeiten es damals gegeben hat mit eben jenem Prof. Wilhelm Rudolph: ich werde mit einer gewissen Skepsis zuhören. Ich habe erlebt, wie geschickt und einleuchtend Wirkung und Ursachen vertauscht werden, wenn es nötig wird, derartige Vorkommnisse zu erläutern. Unsere Gesellschaft ist in einer stürmischen Vorwärtsbewegung begriffen; aber auf eine solche qualifizierte Arbeitsamkeit, allen Widerständen zum Trotz; auf eine solche unbeirrbare Redlichkeit, wie sie Wilhelm Rudolph vorgelebt hat in einem langen Leben; darauf werden wir wohl wieder zurückkommen müssen.

„Zum Trauern war gar keine Zeit; 1945 hat keiner getrauert; da ging es ums Überleben.

Ich habe gezeichnet, ich habe wie besessen gezeichnet. Es war doch alles noch da, das ist doch das Unvorstellbare. Dresden stand doch noch. Die Feuersbrunst hatte den Sandstein der Häuser wie Skelette stehenlassen. Erst später wurde das weggesprengt, fiel das ein. Der Sandstein hatte helle schöne Farben! Nur Glas, Glas zerfiel wie Schnee."

Er beginnt zu erzählen von jener Nacht vom 13. zum 14. Februar. Jene Nacht, in der er alles verlor, seine Wohnung im Körnerhaus ging mit der Stadt in Flammen auf; dabei verlor er den größten Teil seines Werkes, darunter so gut wie alle seine Holzstöcke. Aber er vermag nicht zu schildern, mal ein Satz, dann wieder Schweigen. Aber sein Gesicht erzählt. Diesem Manne ist es wohl versagt, Abstand zu gewinnen, zu vergessen.

Dann schellt die Glocke, das Mädchen aus dem Nachbarhause kommt mit einem Töpfchen Suppe. „Damit der Herr Professor einmal am Tage etwas Warmes ißt." Aber das Töpfchen Suppe kommt auf den Tisch zu dem anderen Kram; und dort wird es kalt. Denn der Maler Wilhelm Rudolph beginnt von einem seiner Hauptwerke zu erzählen und von dessen Schicksal. Wir bleiben im Jahre 1945. Im Sommer 1945 hat er im Schloß Lichtenwalde eines seiner wichtigsten Gemälde wiedergesehen: Mit dem Messer zerschlitzt. Es hatte viele Jahre in der Nähe des Kamins gehangen. Tage später war es ganz verschwunden, wohl zerschlagen und verbrannt. Ein kräftig gefärbtes Tapetenstück zeigte ihm die Stelle. Das Bild hatte den Grafen Vitzthum gezeigt, den Grafen Vitzthum sitzend und neben ihm sein Sohn. Rudolph spricht erregt von dem barbarischen Pack, das im Sommer 1945 im Schloß Lichtenwalde gehaust hat.

Die Vitzthums waren ein thüringisches Uradelsgeschlecht. Ihr Wappen: zwei rote Pfähle auf goldenem Grund, überdeckt von einem silbernen Balken. Der Graf hatte den Staatsdienst quittiert, er lebte als überzeugter Bismarckianer zurückgezogen von der Reichspolitik als Landedelmann auf seinem Schloß Lichtenwalde. Rudolphs Vater lebte damals im Chemnitzer Arbeitervorort Hilbersdorf, zur Miete. Als gelernter Weber hatte er noch das Schlosserhandwerk erlernt; so war er ein gesuchter Webstuhlmonteur. Meist auf Montage, so war immer Brot im Hause; aber um dem zeichnerisch hochbegabten Sohne eine künstlerische Ausbildung geben zu können, dazu reichten die Mittel natürlich nicht. So wanderte der kleine Wilhelm nach der Volksschule in eine Weberei, in eine Musterzeichner-Lehre; auch etwas Künstlerisches. Aber für den schöpferisch begabten Jungen wurde sie zur Qual, nach einem halben Jahre mußte die Lehre abgebrochen werden. Er wurde nun in eine Lithographenlehre gegeben. Auch hier für den sensiblen Jungen eine Zeit existentieller Ratlosigkeit.

Nun waren dem Vierzehnjährigen zwischen den beiden Lehren um Michaelis zwei Wochen Freiheit vergönnt, in diesen zwei Wochen zog er mit seinem Zeichenblock durch die Dörfer seiner engeren Heimat. Beim Zeichnen an der Wassermühle am Schloß Lichtenwalde sah ihm eine elegante Dame zu, es war die Gräfin Vitzthum. Bald stand der Häuslerjunge vor dem Schloßherrn, und der beschloß, den hochbegabten

Jungen zu fördern, ihn als Stipendiat an die Kunstakademie nach Dresden zu schicken. Das war im September des Jahres 1903. Und wie im Märchen.

Und wenn Wilhelm Rudolph auch noch fünf Jahre in seinem Lithographenberufe bleiben mußte, der Weg war ihm geebnet, er konnte studieren.

Und ein Mensch von Charakter kann einfach nicht vergessen, bei wem er zuerst Verständnis gefunden hat für sein Wollen, für sein unerhörtes, aber noch nicht artikulierbares Wollen. Also Dankbarkeit, menschlicher Anstand wird sichtbar hinter sonst kaum verständlichen Haltungen. Dialektik der Geschichte; vom Betroffenen wohl kaum völlig durchschaubar in seinen Konsequenzen.

Denn was er erzählte, war mir alles wie Palimpsest. Es dauerte Jahre, bis das Stipendium kam, es kam auch nicht in der versprochenen Höhe; weil im Jahre 1905 ein Schloßflügel abbrannte. Aber was verbirgt sich hinter einem Satz wie: „Ich sollte mich dann aber eben schon selber ernähren von meiner Kunst; das ging aber noch nicht, als Schüler! Obwohl ich mich um alles bemüht habe."

Dem plebejischen Talente fehlte wohl einiges am dankbaren Jüngling aus dem Volke, wie es ein Gönner und Mäzen erwarten darf; seine Bücklinge erreichten gewiß nicht die vollen neunzig Grad der Erwartung. Es wird Spannungen gegeben haben. Man lerne den zweiundneunzigjährigen Wilhelm Rudolph kennen; vermutlich hatte der zwanzigjährige keinen wesentlich anderen Charakter.

Während der Stunden unseres Gespräches ist es noch kälter geworden in diesem ungemütlichen Atelier, an diesem unfreundlichen und trüben Oktobertag. Nach einem langen und bedrückenden Schweigen bin ich bereit, mit meinen eigentlichen Anliegen und Wünschen wieder abzuziehen. Es war ja ein großes Gespräch.

Da erwähnt Wilhelm Rudolph Holzschnitte, die zufällig oben liegen, „Flüchtlinge" und „Soldaten der Wehrmacht"; er nimmt sein Suppentöpfchen, und wir gehen nach oben. Irgendwie soll ich also doch noch meinen Wünschen näherkommen. Einen geraden Weg scheint es hier nicht zu geben.

Im kleinen Flur an der Treppe, ein alter Tisch mit dem Rucksack, ein alter Hut, Schal, Taschenlampe, Marmeladengläser, eine Bierflasche. Hinter dem Tische an der Wand steht ein großformatiges Gemälde. Ein bärtiger junger Mann, ein intelligenter, seltsam beunruhigend in die Ferne gerichteter Blick; und selbstbewußt, sehr selbstbewußt. Das Bild steht da, wie seit Jahren dort abgestellt.

Auf der Treppe erkundige ich mich nach diesem Modell, bekomme aber nur eine undeutliche Antwort; wohl ein ehemaliger Schüler. Plötzlich verhärtet sich Rudolphs Gesicht, er geht zurück vor das Gemälde. Mit einem kalten, unangenehmen Blick mustert er seinen ehemaligen Schüler. „Ein großer Mann heute. Ein Boß. Drüben." Abgründige Bitterkeit in der Stimme, die Stimme kommt aus einem Sediment von Bitterkeit. „Er hat genommen. Schicklichkeiten werden so lange geübt, solange man sich ihrer mit Nutzen bedienen kann." Sein Blick ruht prüfend und abweisend auf seinem Modell. Erinnerungen.

Ich habe keine Ahnung, wer dieser Mann heute ist oder wer er einst war; ich kann nicht wissen, was dermaleinst vorgefallen sein mag. Aber Rudolphs Haltung, das ist die Haltung enttäuschten Vertrauens, mißbrauchter Freundschaft, vermutlich clever benutzter Menschenfreundlichkeit. Aber warum steht das Bild dann an dieser Stelle? Vermutlich deshalb.

Ich suche mir eine Sitzgelegenheit in dem Zimmer, in dem Wilhelm Rudolph wohnt. Er ist gegangen, seine Suppe aufzuwärmen. Ich sehe mich um, es ist das Zimmer eines Menschen, der lebt, um zu arbeiten. Zwischendurch kommt er aus der Küche und gibt mir kleine Ausstellungskataloge, Faltblätter, ein Büchlein aus der Reihe der Zwingerbücher, über seine frühen Holzschnitte. Darin „Hühner im Regen", was würde ich nicht geben für dieses Blatt! Der Stock ist verbrannt, verbrannt mit allen Stöcken. Das Vorwort hat er sich selbst geschrieben. Es ist der Stil eines Holzschneiders. „Der Angriff auf Dresden zerstörte mir dann Wohnung und Arbeitsraum", lautet der Schlußsatz.

Ich erkundige mich nach einem Bildband über sein Leben und sein Werk; man sieht doch in unseren Kunstbuchhandlungen prachtvolle Bildbände liegen, gewidmet zeitgenössischen Künstlern der DDR.

Er schweigt. „Das hatte ich nicht zu erwarten; ich war verfemt." Nun, verfemt war er gewiß nicht, dagegen sprechen die großen Ehrungen, die er erfahren hat, die großen Ausstellungen, die ihm gerichtet wurden; 1977 hatte er eine große, repräsentative Ausstellung in der Nationalgalerie; aber einen großen, repräsentativen Bildband gibt es auch nicht. Es wäre einer der schönsten Bildbände, und einer der wichtigsten.

Ich blättere in einem Bildband eines BRD-Teams über die DDR. Na, sagen wir präziser über die „DDR". Ein Kapitel ist dem Maler Wilhelm Rudolph gewidmet. Seine Holzschnitte könnten neben denen von Kirchner und Heckel und Dix bestehen. Wilhelm Rudolph hat den schmalen Rand um den Satzspiegel mit Kommentaren versehen, und den breiten Rand um sein Foto ebenfalls; aber mit Kommentaren, die es in sich haben. Als er mit seinem Suppentöpfchen kommt und die Arzneifläschchen und Mistelperlen und Baldrianperlenschachteln beiseite schiebt, gibt er noch einige dazu. Er wischt mit dem Handrücken über die Buchseiten. „Was habe ich denn mit Ernst Ludwig Kirchner zu tun oder mit Erich Heckel? Es gibt doch gar keine sinnvollen Vergleichsmöglichkeiten! Wir schneiden alle in Holz, jeder auf seine Art. Allen steht das Holz zur Verfügung und die Werkzeuge. Das ist das uns allen Gemeinsame. Das ist alles so ein Geschwätz; Geschwätz, das einer vom anderen abschreibt. Diese Begriffe der bildenden Kunst sind so verwirrt und verdorben, daß man mit ihnen am besten ganz Schluß machen sollte. Das hat sich doch alles verselbständigt."

Er liest die Würdigung seiner Kunst noch einmal durch: „Das ist nicht gearbeitet." Dann klappt er das Buch zu.

Aber eine in Dresden erschienene Mappe mit Reproduktionen seiner Ruinenzeichnungen bekommt auch so einen Wischer über den verstaubten, aber einst blütenweißen Umschlag. „So eine Schlagsahne! So eine Schlagsahne um meine Zeichnungen; denken die sich denn gar nischt, die die Bücher machen?"

Da hat man vor Jahren zwölf seiner rücksichtslos grauschwarzen Rohrfederzeichnungen vom toten Dresden mit einem weißen Edelpapp-Umschlag versehen, und darauf in edler Blindprägung die Silhouette des heilen Dresden. Der gutgemeinte Versuch zu mildern, zu schönen. Wilhelm Rudolph hat recht, die Zeichnungen sind auch viel zu stark verkleinert, wie sollen sie wirken. Aber es ist ein einfühlsames Vorwort geschrieben; es ist überhaupt einmal etwas an die Öffentlichkeit gekommen, wer weiß, unter welchen Widerständen. Aber Rudolphs Gesicht sagt: Alles oder nichts! So hat er gelebt, so stellt er seine Forderungen.

Es gibt jedoch auch Erfreuliches. Er holt ein kleines Buch aus dem Regal: Martin Andersen Nexö „Das Glück". Quer über das Vorsatzblatt in großen unbeholfenen Buchstaben eine Widmung: „Dem Freunde Maler Rudolph zur guten Erinnerung – Martin Andersen Nexö, Dresden 27. I. 50". Rudolph lebt auf in der Erinnerung, seine Augen leuchten vor Vergnügen, über die Erinnerungen, die nun kommen. Er legt den Löffel weg.

„Ein feiner Mann, alte Schule; und ein bedeutender Schriftsteller! Wie dieser Mensch einen Steinbruch beschreibt, das Licht im Steinbruch am Morgen!" Rudolph hebt voll uneingeschränkten Respekts die Brauen; so was erlebt man nicht oft. „Nexö kannte die Menschen, der kannte hart arbeitende Menschen; der kannte das Leben! Und wie der das schildert: großartig und wahr, wahr und großartig. Und ganz unpolitisch; das hatte der Mann gar nicht nötig."

Nun bekomme ich einen Dichter geschildert, und die Suppe wird wieder kalt.

Martin Andersen Nexö war eine Respektsperson, aber eine Respektsperson voller Humor! „Ein Mensch mit einer natürlichen Autorität!" Der Dichter war schon in den Achtzigern, als Wilhelm Rudolph den Auftrag erhielt, ihn zu porträtieren; das Treppensteigen fiel ihm schwer; es wurde ein Atelier im Erdgeschoß der Akademie für ihn eingerichtet. Und als Martin Andersen Nexö das Bild zum ersten Male sah, da war er zufrieden, sogar sehr zufrieden, so zufrieden, daß er seinem Maler den Auftrag gab, auch seine Frau zu malen.

„Kommst mit mir nach Danemark!" hat er damals gesagt; er hat seinen Maler umfaßt und lachend gefragt:

„Kommst mit mir nach Danemark?" Wilhelm Rudolph muß sich die Augen wischen, so hat er sich amüsiert in diesen Erinnerungen, und er wiederholt diesen Ausspruch immer wieder. Aber die beiden müssen sich verstanden haben. Nexö hat ihm auch einmal gestanden, wie abgeneigt er diesen permanenten Feiern gegenübergestanden hat, diesem Herumgefahrenwerden zu seinen Ehren. Aber die Gänse in der Oberlausitz, das hat er mehrfach erwähnt, die Gänse in der Oberlausitz, die haben ihn an die Gänse in seiner Heimat erinnert; dessen erinnert er sich noch.

Ein bedeutender Schriftsteller. Und ein feiner Mann. Eben alte Schule. Und er hat ihn gemalt, und zur Zufriedenheit; das wollte etwas heißen, denn Nexö war kein Mann billiger Komplimente.

Wilhelm Rudolph hat aber in den fünfziger und sechziger Jahren nicht nur Martin Andersen Nexö gemalt, er hat viele Prominente porträtiert. Professor Bongartz, Bischof Hahn, Max Seydewitz, die Liste ist lang. Und da erinnert er sich noch eines Prominenten. Im Jahre 1966 trat man an ihn heran, ob er bereit sei, eine sehr hochgestellte Persönlichkeit zu malen. In den Verhandlungen wurde sehr schnell klar, um welche hochgestellte Persönlichkeit es sich handelt. „Ich habe die Herren natürlich gefragt, ob das nicht ein Parteigenosse machen müsse." Aber Rudolph hat sich natürlich nur verstellt; der wußte schon, warum man zu ihm kommt. „Einen solchen Auftrag kann man keinem Schuster geben.

Natürlich lauerten meine Feinde; wie wird er sich entscheiden, wie wird er sich aus der Affäre ziehen! Aber auch für mich ging es dabei um sehr vieles: Ich begab mich doch auf fremdes Territorium! Vielleicht auf feindliches Territorium!"

Doch dann verlief alles ganz friedlich. Im Staatsratsgebäude wurde ein Atelier eingerichtet; alles wurde ihm erfüllt, wie er es wünschte. „Ich ließ mir auch keine Fotos unterjubeln, wie das so üblich ist." Und für die Sitzungen wurden sechs getrennte Stunden ausgemacht. Und zu jeder Stunde wurde er mit dem Wagen von Berlin abgeholt. „Und jedesmal saß dieselbe Charge in dieser Wache, hinter dieser Glasscheibe. Beim dritten Male sage ich zu dem: ‚Na, Sie schlafen wohl gleich hier drinne!' Da sieht der mich an, aber wie, und fragt mich, wie ich zu dieser Äußerung käme. Der hatte gar keinen Humor."

Alle sechs Stunden liefen korrekt ab, was ihn besonders beeindruckte: ohne Durchsuchung, ohne Wache im Atelierraum. Auch mit dem zu Porträtierenden war Wilhelm Rudolph zufrieden. „Bissel steif war er manchmal, und er wollte immer an den Schreibtisch; ich mußte ihn mir immer wieder vorholen an die Glasfassade, ans Licht. Da ist er mal ärgerlich geworden. Da sagte er zu mir: ‚Hier sind Sie wohl der Unteroffizier? Hier bestimmen Sie wohl, wie gemacht wird?'" Und das Lächeln des alten Rudolph läßt heute noch keinen Zweifel aufkommen, daß er eine Antwort für völlig überflüssig gehalten hat.

Einmal, eine Stunde ist ja lang, wenn man nur beobachtet wird, einmal hat er ihn vor die Staffelei schaffen müssen: „Ein Meter dreißig mal ein Meter zehn, das will auch erst einmal zugemalt sein!

Aber sonst kann ich sagen, sind wir gut miteinander ausgekommen. Und eines muß man dem Manne lassen: Pünktlich! Pünktlich auf die Minute!"

Das Porträt wurde auch gut bezahlt, sehr gut bezahlt; nicht ohne Stolz nennt er die Summe; und unmittelbar darauf konnte er in dieses Haus ziehen. Nun hatte er Ruhe zum Arbeiten. Und einen Garten.

„Unsere Wohnbedingungen waren doch die denkbar schlechtesten gewesen. Untergekrochen als Ausgebombte! Nur Gesindel in dem Hause. Man hat meine Frau angepöbelt im Treppenhause! Und dauernd Krach. Vier Jahre lang bin ich abends aus dem Hause gegangen, um meinen Nachtschlaf zu haben. Wie ein Schlafbursche. Kein Weg führte zu einer ruhigen Wohnung. – Und auf einmal ging das wie geschmiert.

Sechs Stunden für das Porträt eines bedeutenden Staatsmannes; das wußten die überhaupt nicht zu schätzen. Keiner. Nur Querner. Curt Querner, der wußte das zu schätzen; der wußte, was arbeiten heißt. Der ja, aber die anderen ..." Und das war wieder eine Geste.

Der alte Rudolph erzählt viel, hatte man mir gesagt, als ich mich erkundigt hatte; nun, nachdem er viel erzählt hat, möchte ich hinzufügen: Noch mehr verschweigt er. Wir sitzen unter der Lampe, und er beobachtet mich, wie ich mir die Blätter ansehe. Es gibt keinen Kommentar; obwohl sein Gesicht arbeitet. Was möchte er nicht alles sagen zu diesen Holzschnitten, aber er sagt es nicht.

„Reste der Wehrmacht" hat er unter eines dieser großformatigen Blätter geschrieben, und dieser befremdende Titel sagt es. Soldaten der deutschen Wehrmacht in jenem Jahre 1945; also, was so übrigbleibt von einer Wehrmacht nach einer totalen Niederlage. Ausgemergelte Gestalten in verschlissenen Uniformen; ob jung, ob alt, alles alte Männer. An Stecken gehend, einige auf Krücken, die zerschossenen Glieder in Binden. Immer in kleinen Trupps, sichtlich ziellos, dem Schicksal ausgeliefert auf Gnade oder Ungnade nach alledem.

„Kein Appell mehr", hat er mit seinem Zimmermannsbleistift unter ein anderes Blatt geschrieben. „Kameraden" unter ein anderes. „Kein glorreiches Ende". „Vor dem Nichts".

Da stehen nun die eben noch so Gefürchteten zwischen den Ruinen, die man beim Siegen immer den anderen zugeordnet hatte. Strandgut des Krieges. Die Landser, jene, die bei Beginn des Krieges sich nicht zu wehren wußten gegen den Kriegsdienst und die nun beim Kapitulations-Urkunden-Unterschreiben auch nicht benötigt werden. Die Landser, die auch keine Memoiren zu schreiben haben; was haben sie schon gewußt. „Aus", hat Wilhelm Rudolph unter eines der Blätter geschrieben.

Blatt für Blatt betrachte ich mir, ich begreife, warum es keinen Kommentar dazu gibt. Diese Holzschnitte, hart und rücksichtslos von der Zerstörung einer ganzen Generation Deutscher berichtend, diese Holzschnitte haben zwangsläufig das Schicksal der Ruinenzeichnungen erlitten. Auch Menschentrümmer wollte man nicht mehr sehen in jenen Jahren des Neubeginns. Reste der Wehrmacht schon gar nicht. Wilhelm Rudolph aber hat die Erinnerung davon aufbewahrt für die kommenden Generationen. Warnung für alle Zeiten. Und sein Werk hat es authentischer bewahrt, als es eine Kamera vermöchte, denn das menschliche

Auge entbehrt niemals der Empfindung. Auf meine Fragen hat er einmal geantwortet, mit einem Satze, und auch nicht auf meine Fragen. Es war nicht einmal eine Antwort. „Es war einem ganzen Volke nicht gestattet, um seine Toten zu trauern, nach einem opferreichen Kriege."

Hier geht es nicht um die Befreiung, hier wird von der Niederlage erzählt. Rudolphs Holzschnitte sind die Dokumente eines verlorenen Krieges, eines furchtbar verlorenen Krieges, denn diese erledigten Soldaten stehen inmitten einer toten Stadt. Eine nahezu verdrängte Phase deutscher Geschichte. Zu bewältigende Vergangenheit.

Solche einfachen Feststellungen werden ja heute noch gern mit verdächtigend vorgeschobener Unterlippe zur Kenntnis genommen; wie oft mag Wilhelm Rudolph in all den Jahren beobachtet haben, daß man seine Holzschnitte so zur Kenntnis nimmt.

„Hahn hat die Leichenverbrennungen fotografiert. Auf dem Altmarkt. Auf dem Altmarkt hatte man die Toten zusammengetragen in den Tagen darauf; zusammengekarrt aus allen Stadtteilen, fuhrenweise; wie Kadaverfuhren.

Dann wurden die Menschen verbrannt, in solchen Stapeln; immer zwei-, dreihundert auf einem Haufen. Schwellen dazwischen, solche Träger, damit es besser brennt; brannte aber schlecht. Fässer Benzin drüber, angezündet, brannte aber schlecht. Da hat man diese Leichenstapel mit Flammenwerfern verbrannt. Hahn hat das fotografiert. Man hat ihn auch festgenommen, daß er solches Grauen dokumentiert; dann wieder freigelassen. Kompetenzstreitigkeiten. Man dachte wohl, daß man das später mal verwenden könnte. Nach dem Endsieg.

Jedenfalls ich wollte das zeichnen; wurde nicht gestattet; ich wurde nicht herangelassen. Das waren Sonderkommandos, und Militärpolizei; alles war abgeriegelt. Da sah man Gesichter! Ein Todenernst in den Gesichtern; das war der Krieg bis auf die Knochen. Der totale Krieg! Wir wollen den totalen Krieg, hatten sie gebrüllt; das hatte man nicht erwartet.

Die Toten von Dresden. Niemand weiß, wie viele Tote; niemand wird es jemals wissen. Es gab Schätzungen: fünfunddreißigtausend Tote, man hat auch von dreihunderttausend Toten gesprochen. Was sind Zahlen. Man konnte doch nur die zählen, die man gefunden hatte. Die eine Schätzung ist zu niedrig, die andere Schätzung wird zu hoch sein.

Es war doch ein Kriegs-Chaos! Die Stadt war überfüllt mit Flüchtlingen. Dresden! Hier fühlte man sich sicher! Hier liefen die Menschen in den sicheren Tod, weil sie sich hier sicher glaubten. Es war eine brutale Tat, eine niederträchtige Gemeinheit; der Krieg war doch entschieden. Wen traf es denn voll? Die Flüchtlinge! Die vielen Kriegsgefangenen! Alles Namenlose.

Das war der totale Krieg; das hatten diese Verbrecher eingeplant, falls sie abtreten müssen. Diese fünfunddreißigtausend, das war die offizielle Zahlenangabe der Nazis."

Wilhelm Rudolph schweigt. Ein paarmal hat er sich mit den Fingern in die Augen gegriffen, nun schweigt er. Da sitzt er, in Erinnerungen gebannt; einer von denen. Ein Überlebender, ein zufällig Überlebender. Auch er hat alles verloren in jener Nacht vom 13. zum 14. Februar 1945. Das Leben hat er gerettet.

„Rings um den Altmarkt, weit in die Straßen hinein waren die Ruinen so angeschwärzt, von dem fetten schwarzen Rauch. Furchtbar."

„Noch im Februar habe ich begonnen zu zeichnen. Man mußte sich doch aufraffen. Das erste Blatt war die Ruine meines eigenen Hauses. Aber Soldaten haben mich vertrieben. Jeden Tag habe ich gezeichnet. Fünfzig Blätter hatte ich fertig bis zum 8. Mai. Also bis der Russe kam. Das war gefährlich zuletzt."

Nun erzählt Wilhelm Rudolph, er erzählt Geschichte auf Geschichte; er erzählt, wie man bildhafter nicht erzählen kann. Ich kann es nicht glauben, daß dieser Mensch zweiundneunzig Jahre alt sein soll.

„Dann der 7. Mai, ein herrlicher Frühlingstag. Mittags bin ich mit meiner Frau die Elbe entlang. Eine Untergangsstimmung. Sprengkommandos an den Brücken. Die Geschichte hielt den Atem an.

Auf den Bänken saßen die Ostarbeiter. Hunderte. Wir mußten da lang, an denen vorbei. Böse Blicke, gefährliche Blicke. Schweigen, kein Wort fiel. Feldgendarmerie war noch da. SS-Kommandos.
Gefährliche Gesichter; was man mit denen gemacht hatte all die Jahre! Die saßen da und warteten auf ihre Leute. In den Vororten wurde doch schon erbittert gekämpft! Ein Geschützdonner aus Richtung Klotzsche! Und Tiefflieger! Und die russische Artillerie schoß rein; man mußte über zerschossene Bäume klettern, abgeschossene Äste. So frisches Grün! Ein furchtbarer Anblick, es waren doch herrliche Frühlingstage! Die Granaten rissen das frische Grün aus den Bäumen. Aber die Russen saßen auf den Bänken, störte die gar nicht; die warteten auf ihre Leute."
Mit leiser, schleppender Stimme erzählt er, selten, daß er einmal aufsieht; Erinnerungen sind für ihn schwere Belastungen. Szene für Szene erstehen authentische Bilder jener fernen Vergangenheit. Ich höre ihm zu und sehe Holzschnitte, Rudolphsche Holzschnitte, seine Art zu sehen, seine Art zu erleben. Da steht er auf, mühsam; und wir gehen hinunter in seinen Atelierraum.

PRAGER STRASSE / SCHEFFELSTRASSE / BÜRGERWIESE / NÜRNBERGER STRASSE / ROSEN-STRASSE / RIETSCHELSTRASSE MIT MOLTKEPLATZ / SCHLOSS UND ZWINGER / COSEL-PA-LAIS / REICHSSTRASSE / WAISENHAUSSTRASSE / KASERNENSTRASSE / PIRNAISCHE STRASSE ECKE ZIRKUSSTRASSE …
Wilhelm Rudolph sieht auf, lange hält er den von den Jahrzehnten angegrauten Bogen Zeichenkarton in der Hand; eine dieser Ruinenzeichnungen, in die auch mit schwarzer Kreide, Kohle oder weichem Bleistift hineingezeichnet wurde oder laviert.
„Das habe ich gemacht noch am 7. Mai. Ein Montag. Die russische Artillerie schoß schon rein, das war gefährlich in den Trümmern. Es waren auch solche Verteidigungsnester in den Ruinen, die sah man nicht; Dresden sollte doch verteidigt werden. Die konnten einen abknallen wie einen Hasen. Dort kroch ich rum,

das konnte auf Leben und Tod sein. Man wußte auch nicht, wann die Brücken gesprengt werden; die sollten schon nachmittags gesprengt werden; da war man abgeschnitten."

Wilhelm Rudolph kniet vor diesem großen Koffer, im Lichte einer Glühlampe, die von der Decke hängt, holt er Mappe um Mappe dieser Zeichnungen heraus, Zeichnungen, die nicht ihresgleichen haben in der Kunst, Blätter, wie sie im Dresdner Kupferstich-Kabinett in den Grafik-Kassetten als Kostbarkeiten verwahrt werden.

Wir haben den Fußboden des Atelierraumes ausgelegt, mit diesen sich leicht wölbenden Blättern; ein Anblick, nicht zu fassen. Wilhelm Rudolph läuft auf diesem Flickenteppich einmaliger Grafik herum, weil er etwas vergleichen möchte; wenigstens hat er die Pantoffeln ausgezogen. „Das muß ein Blatt schon aushalten."

Sind das nun die Blätter, die beim Ankauf verworfen wurden? Sind es Entwürfe in seinen Augen, Skizzen, sind es Blätter, von denen er sich nicht trennen mochte? Ich werde aus seinen erklärenden Andeutungen nicht klug. Es sind Blätter darunter, wie ich sie in dieser Qualität in den Grafischen Sammlungen nicht zu sehen bekommen habe.

MATHILDENSTRASSE / BLICK ZUR KREUZKIRCHE / MATERNISTRASSE / ALBRECHTSTRASSE / MÜNZGASSE diese Trostlosigkeit des Handwerkerzeichens vor der ausgebrannten Fassadenflucht! *SCHNORRSTRASSE / AM KÖNIGSUFER / DIE GROSSE PLAUENSCHE GASSE / NEUMARKT HOTEL STADT ROM / GOETHESTRASSE / CAROLABRÜCKE / ALBERTBRÜCKE / FREIBERGER PLATZ* eine gespenstische komplette Ruinenarchitektur / *ZIRKUSSTRASSE / MÜNCHNER STRASSE / STEPHANIENSTRASSE MIT CAROLAHAUS / KÖRNERSTRASSE* das Haus, in dem er gewohnt hat, *RINGSTRASSE / ZINZENDORFSTRASSE / ECKE SCHNORRSTRASSE GUTZKOWSTRASSE / JÜDENHOF / NEUE GASSE / KAULBACHSTRASSE / HOLBEINSTRASSE / GÜTERBAHNHOFSTRASSE / KÖNIG-*

JOHANN-STRASSE / AMALIENPLATZ / BLICK AUF DAS RATHAUS / FRAUENKIRCHE MIT RAT-HAUSTURM. Immer wieder der mächtige Turm des Rathauses in dieser Ruinenstadt. „Das Rathaus stand, dort konnte man Zuflucht finden; es gab Sandstürme in dieser Stadtlandschaft! Der Wind fand keinen Widerstand, der trieb alles vor sich her! Ruinen stürzten ein unter der Wucht des Sturmes, man konnte erschlagen werden. Mehr als einmal habe ich Unwetter in diesen Kellergewölben abgewartet. Wenn der Sturm heulte und pfiff, die Kupferbleche der Dachbedeckung hingen lose, der Sturm schlug diese riesigen Bleche aneinander, wie Beckenschläge, so eine Höllenmusik, furchtbar. Da saß man, mußte abwarten; wenigstens war man geschützt." *POSTPLATZ. BLICK ZUR SOPHIENKIRCHE / ZÖLLNERSTRASSE / BLICK VON DER AKADEMIE AUF DIE FRAUENKIRCHE / WERDERSTRASSE / PRAGER STRASSE UND BISMARCKPLATZ.*

„Das verlangte Kraft", hat er einmal gesagt, als er sich umsah im Raume, „dem standzuhalten, das verlangte Kraft". Ich erkundige mich, wann es denn eigentlich gestattet war, dies zu zeichnen. „Eigentlich niemals. Bis zum 8. Mai sollte ich zerstörte Kulturbauten aufnehmen; die Zerstörung Dresdens in diesen Ausmaßen sollte doch gar nicht bekannt werden.
Und im Mai, als ich weiterzeichnete in der Stadt, da brauchte ich doch irgendeinen Ausweis; die Russen konnten einen doch einfach mitnehmen!
Drei Tage lang habe ich mich in diesen Zimmern rumgedrückt; ich wollte zu diesem Greif. Heinrich Greif, der war für mich zuständig; aber an den kam ich nicht ran; was auf den Mann alles einstürmte! Die Gänge waren voller Bittsteller; Ponto saß da und die Hoyer, die Tänzerin ... Eben alle. Und diese paar Antifaschisten sollten das nun alles bewerkstelligen. Er kam auch mal aus einem Zimmer rausgeschossen, da war er schon wieder in einem anderen Zimmer verschwunden, man kam gar nicht zu Worte.
Das waren auch alles Zivilisten, die neuen Staatsbeamten; nur an ihren roten Armbinden erkenntlich. Ich

wollte zu dem Greif. Mir war nur bekannt, daß der in Moskau diesen deutschen Sender bedient hatte. Ich kam nicht ran.

Dann habe ich einen provisorischen Ausweis bekommen über einen meiner ehemaligen Schüler; der kannte einen dieser Verantwortlichen. Und der schrieb mir diesen Zettel. ‚Sie sind also dieser Professor Wilhelm Rudolph‘, sagte der zu mir, während er schrieb. Und ich sagte, jawohl, aber ich bin nicht mehr berechtigt, den Titel zu führen; das Recht wurde mir genommen von den Nationalsozialisten. Da sagte der: ‚Na, jetzt habe ich's schon hingeschrieben; lassen wir's stehen.‘ So hatte ich meinen akademischen Titel wieder!" Rudolph sieht einen an, als könne er dergleichen Praktiken noch bis heute nicht fassen. „Das wurde dann auch noch ins Russische übersetzt. Und dadurch bin ich vielen Unannehmlichkeiten entgangen. Wenn Streifen kamen. Der Zettel wurde respektiert."

Er nimmt eine Zeichnung, die er beiseite gelegt hatte. „Diese Hitze. Und diese Stille. So eine beängstigende Stille, mitten in einer großen Stadt. Kein Laut. Schon eine Katze wäre eine Wohltat gewesen. Auch kein Vogel! Kein Laut. Dem standzuhalten, das verlangte Kraft.

Nur mal ein Geräusch in der Ferne, wenn wo was einfiel. Dann Schritte, da kam einer. Älterer Mann, Soldatenmantel; ganz heruntergekommen. Kam an mir vorbei, lächelte, so ein irres Lächeln. Merkwürdig.

Geht in einen Keller. Na, ich zeichne weiter, habe mir aber einen Stein bereitgelegt. Dann höre ich die Schritte wieder hochkommen, aus einem anderen Kellerloch. Da hatte er eine Krampe in der Hand, eine Zimmermannskrampe, vom Gerüstbau. Das war eine Waffe!

Und einen grauen Buschen, so einen langen grauen Buschen. Dann kam er, stellte sich zu mir, lächelte. Da hatte er mit der Krampe einer Frau die Kopfhaut vom Schädel abgetrennt. Die hielt er so, stand bei mir, sah mir zu, wie ich zeichne. Dann ging er.

Einen Menschen umbringen, das war gar nichts. Der Mensch wurde eben totgeschlagen, wenn er was hatte. Dann rein in ein Ruinenloch, den Rest besorgte die Zeit. Die Ratten.

Ich hatte nie was bei mir. Nur meine alten Sachen, die ich anhatte. Und eben mein Zeichenzeug. Und was ich machte, das hatte doch keinen Wert; das sah man doch."

Er nimmt eine andere Zeichnung. Schutthalden säumen einen schmalen Pfad. „Die Goldrute überzog im Sommer alles. Diese häßliche Goldrute, das war so ein Grau dann, so ein schmutziges Grau. Häßlich."

Auf einigen Zeichnungen steht ein Pferd trostlos allein auf weitem Ruinenfeld. „Ja, die kamen mit einem Pferd. Vier Männer. Banden das Pferd dort an. Das Pferd stand den ganzen Tag in der Hitze. Es zog mich immer wieder hin, ich mußte das immer wieder zeichnen.

Gegen Abend kamen sie wieder, banden diese Säcke auf das Pferd. Plünderer. Oder sie haben sich noch Sachen geholt aus ihren Kellern. Mich haben sie nicht belästigt."

Er legt die Blätter mit dem Pferd in die Mappen zurück. „Das ist alles vergessen", sagt er, „da ist Gras drüber gewachsen. Gut so." Sein Gesicht aber sagt, daß da kein Gras drüber gewachsen ist, daß dies alles niemals vergessen sein wird.

Nacht ist es geworden. Der alte Rudolph sitzt auf seinem Hocker an seinem Koffer, zwei Blätter nächtlicher Ruinenlandschaften in Händen. Er mag nicht mehr erzählen; sein heller wirrer Haarschopf ist dunkel vom Schweiß der Schwäche.

Nun nehme ich die Kamera aus dem Beutel, mache einige Aufnahmen, auch von dem Mann, der da klein und gebeugt und müde vor seinem Koffer sitzt, vor seinem Koffer mit seinen Schätzen, im Lichte einer von der Decke herabhängenden Glühlampe; er bemerkt es gar nicht. Die Bilder zeigen später einen lächelnden Menschen, einen tiefbefriedigt lächelnden Menschen: Das habe ich gemacht, das wird bleiben!

Kein Wort seiner oft erschütternden Schilderungen hat mich so berührt wie zwei, drei Bemerkungen, die er, mehr für sich gesprochen, machte, als er tiefbefriedigt und selbstvergessen seine Zeichnungen betrachtete. „Man darf noch kein volles Verständnis erwarten. Es ist noch zu früh für diese Sachen." Welch ein Urteil. Aber er hat auch gesagt: „Um die Kunst muß man sich keine Sorgen machen." Welch ein Kommentar eines produktiven Zweiundneunzigjährigen.

Einhundertvierundfünfzig dieser Rohrfederzeichnungen vom untergegangenen Dresden werden begriffen als kostbarer Besitz des Dresdner Kupferstich-Kabinetts; sorgfältig aufbewahrt in Grafik-Kassetten. Sind sie aber deshalb schon im Bewußtsein der Öffentlichkeit? Auch Ausstellungen sind etwas Seltenes für das Werk Wilhelm Rudolphs. Das Holzschnittwerk zu diesen Zeichnungen, auch aufs beste bewahrt in der Grafischen Sammlung, soll in drei Exemplaren existieren. Mit dem Falzbein abgerieben Blatt für Blatt auf Japan-Bütten. In drei Exemplaren.

Es wurde viel darüber geschrieben, und man liest immer wieder, wie ratlos die Künste nach dem Zusammenbruch des Faschismus waren; wo sollten die Künstler anknüpfen? Wie sollte es weitergehen! Für Wilhelm Rudolph scheint sich diese Frage gar nicht gestellt zu haben. Vom zerstörten Dresden hatte er zwischen dem 13. Februar und dem 8. Mai 1945 fünfzig Blatt gezeichnet, die übrigen einhundertfünfzig Blatt hat er nachher gezeichnet; kein Mensch vermag sie zu unterscheiden. Er hatte seinen Stil für seine Aufgabe, und das mit der größten Selbstverständlichkeit.

Vermutlich war er unser großer Realist; man hat es nur gar nicht bemerkt, bei der Suche nach unserem Realismus; so was kann vorkommen. Und zu Wort gemeldet hat sich Wilhelm Rudolph niemals; er hat immer gearbeitet.

Ich konnte nur weniges erfahren über ihn und sein Schicksal, aber eines habe ich erfahren: Wilhelm Rudolph ist ein unbeugbarer Charakter und in seiner Kunst ein unerbittlicher Realist. Also mußte dieser Mensch, wenn dieser Begriff mißbraucht oder falsch verstanden wurde, in existenzbedrohende Schwierigkeiten geraten. Zwangsläufig. Zudem läßt er es ja notfalls „darauf ankommen"; notwendige und unabänderbare Folge seiner Herkunft. Die Gesellschaft wiegt sich übrigens gerne in dem Glauben, die Folgen der daraus resultierenden Schwierigkeiten hätte nur das Individuum zu tragen.

Vermutlich aber wird es mit der Kunst-Geschichte sein, wie es mit der Literatur-Geschichte ist: der Blick in die Zukunft ist uns gnädig verhangen. Wir würden gewiß nicht wenig erstaunt sein, wenn uns ein Blick in die Literaturgeschichte unserer Zeit gestattet wäre.

Ich würde etwas darum geben, zusammen mit Kunstkennern unseres Jahrhunderts ein Gespräch zu haben mit den Honoratioren Amsterdams in den späten sechziger Jahren des 17. Jahrhunderts. Die würden uns Dinge erzählen über diesen alten Maler, über die Charaktereigenheiten dieses Mannes, über seine Ansichten; wir würden nicht wenig befremdet sein. Und die Honoratioren Amsterdams nicht wenig verwundert über den Respekt, mit dem wir den Namen ihres Mitbürgers aussprächen.

Wilhelm Rudolph hat mit der gleichen menschlichen Haltung vor der Natur gearbeitet, wie ein Rembrandt Harmensz van Rijn vor der Natur gearbeitet hat; so arbeiten Menschen, die Aufgaben erfüllen, die ihnen ihr Jahrhundert stellt; ob das von ihren Zeitgenossen voll begriffen wird, ob das anerkannt wird, das ist für Menschen dieser Qualität eine zweitrangige Frage.

Ganze Inkunabeln werden heute mit staunenswerter Originaltreue faksimiliert; unsere Drucktechnik vermag heutzutage nahezu alles. Rudolphs Zeichnungen sind eine Inkunabel der deutschen Kunst. Hätte unsere Zeit bereits eine volle Vorstellung von der Bedeutung dieser Zeichnungen, wir besäßen das Mappenwerk einer sehr umfangreichen Auswahl in Originalgröße. Denn dies gehört zur Aussagekraft dieses Werkes, wie ein Eindruck der verschiedenen Papiere und Kartons (samt ihren rückseitigen Zeichnungen und Notizen), die im Sommer 1945 in einer vernichteten Stadt durch Glücksumstände zusammengesucht werden konnten, um überhaupt arbeiten zu können! Und die Fülle der Blätter, ihre Monotonie, diese ungeheuere, diese ungeheuer vielfältige Monotonie dieser toten Straßen, dieser toten Plätze dieser einst berühmten, nun wieder auferstandenen und wiederum berühmt gewordenen europäischen Kunststadt, sie brächte eine Dimension des Werkes, von der man vor der einzelnen Zeichnung nichts ahnt.

Dieses Mappenwerk wäre ein europäisches Dresdner Ereignis. Noch lebt der Mann unter uns, der diese

Zeichnungen gemacht hat. Vor sechsundreißig Jahren. Als Sechsundfünfzigjähriger. Manchmal kann es nötig sein, sich dergleichen ins Bewußtsein zu rufen.

Und noch eines. Erwähnungen dieser Zeichnungen, Veröffentlichungen, haben im Verlaufe der Jahre vielerlei Namen bekommen: „Dresden 13. Februar 1945". „Der Untergang Dresdens". „Das zerstörte Dresden". „Dresden 1945". In unseren Gesprächen fiel eine Bemerkung, eine Bemerkung schlicht und ungeheuer: „Dresden als Landschaft". Das wäre ein Signum für ein solches Werk.

Inzwischen ist es März geworden. März 1981. Der Nationalpreis 1. Klasse für Kunst und Literatur verliehen an Prof. Wilhelm Rudolph, Maler und Grafiker, Dresden; für seinen bedeutenden Anteil an der sozialistisch-realistischen Malerei, er ruht nun schon seit Monaten in der Schachtel bei den anderen Orden. Und eine Gratulationscour soll stattgefunden haben anläßlich seines 92. Geburtstages. Und Nachtspeicheröfen wurden gesetzt, schöne cremefarbene Öfen. In allen Räumen. Und vom Senat der Hochschule wurde ihm der Titel eines Ehrensenators verliehen. Dem Senior der Maler unserer Republik.

Es ist sogar die Rede von ersten Passagen seiner Memoiren; seine Holzschneiderbuchstaben-Kolonnen auf großen englinierten Kontorbuch-Bögen. Dem Manne ist noch alles zuzutrauen; er ist erst zweiundneunzig!

Leipzig, Frühjahr 1981.

BIOGRAPHISCHES

Wilhelm Rudolph

am 22. 2. 1889 in Chemnitz geboren
1908–1911 Studium an der Akademie der bildenden Künste Dresden bei Sterl und Bantzer
1914–1918 Soldat
1919 Heirat mit Johanna Thärigen
1932–1938 Lehramt und Professur an der Akademie der bildenden Künste Dresden
1945 Verlust fast des gesamten Werkes beim Bombenangriff auf Dresden
1946–1949 Lehramt und Professur an der Akademie der bildenden Künste Dresden
seit 1949 freischaffend in Dresden
1961 Nationalpreis der DDR, Kunstpreis des FDGB, Martin-Andersen-Nexö-Preis der Stadt Dresden
1966 Kunstpreis des FDGB
1975 stirbt Rudolphs Frau
1979 Ehrenbürger der Stadt Dresden
1980 Nationalpreis der DDR
1982 Ehrenbürger der Stadt Karl-Marx-Stadt
am 30. 9. 1982 stirbt Wilhelm Rudolph in Dresden

AUSSTELLUNGEN

1924   Dresden, Kunsthandlung Emil Richter
        Berlin, Kunsthandlung Goldschmidt und Wallerstein
1947   Dresden, Haus des Kulturbundes (mit W. Lachnit, K. Hoyer und H. Christoph)
1950   Dresden, Staatliche Kunstsammlungen
1954   Dresden, Kunstausstellung Kühl
1955, 1958 und 1960   Dresden, Staatliche Kunstsammlungen
1965   Berlin-Pankow, Kunstkabinett am Institut für Lehrerweiterbildung
1965   Stuttgart, Gewerkschaftshaus
1966   Dresden, Kunst der Zeit
1967 und 1968   Dresden, Rathaus
1969   Dresden, Staatliche Kunstsammlungen/Kupferstich-Kabinett
1971   Berlin, Köpenicker Pädagogenklub
1974   Leipzig, Galerie am Sachsenplatz
1974   Dresden, Hochschule für Bildende Künste
1975   Berlin, Staatliche Museen/Kupferstichkabinett und Sammlung der Zeichnungen
1975/76   Düsseldorf, Städtische Kunsthalle

BILDVERZEICHNIS

24 Neumarkt mit dem vom Sockel gestürzten Lutherdenkmal, 28,5 × 38,8 cm, C 1959-16
25 Am Neumarkt, 29 × 40,3 cm, C 1959-63
26 Ecke Schnorr- und Gutzkowstraße, 28,5 × 38,5 cm, C 1959-53
27 Ecke Schnorr- und Gutzkowstraße, 31,4 × 42,8 cm, C 1959-87
28 Rietschelstraße, 29 × 38,9 cm, C 1959-49
29 Palais Johann Georg, 29,7 × 44,3 cm, C 1959-128
30 Königsufer mit Ministerium, 28,8 × 40,2 cm, C 1959-150
31 Am Königsufer 24. Oktober 1945, 25,5 × 35,7 cm, C 1959-130
32 Dürerplatz, 28,9 × 38,7 cm, C 1959-8
33 Steinstraße, 29 × 33,5 cm, C 1959-129
34 Rampische Straße, 29,2 × 32,2 cm, C 1959-76
35 Johannesstraße, 30,9 × 43,8 cm, C 1959-90
36 Reichsstraße, 30,7 × 43,5 cm, C 1959-91
37 Reichsstraße, 29,1 × 34,3 cm, C 1959-72
38 Pirnaische Straße, 30,6 × 38,7 cm, C 1959-126
39 Georgplatz, 34,9 × 51,2 cm, C 1959-80
40 Freiberger Platz, 29,7 × 38,8 cm, C 1959-29
41 Zöllnerstraße, 29,1 × 38,6 cm, C 1959-40
42 Holbeinplatz, 30 × 36 cm, C 1959-21
43 Holbeinstraße, 29,2 × 38,7 cm, C 1959-65
44 Mathildenstraße, 29,1 × 38,5 cm, C 1959-61
45 Großer Garten, 29,1 × 37,9 cm, C 1959-20
46 Bismarckplatz, 30,4 × 43,4 cm, C 1959-88
47 König-Johann-Straße, 28,6 × 38,6 cm, C 1959-56
48 Nürnberger Straße, 38,8 × 33,3 cm, C 1959-110

ZU DIESER AUSGABE

Die 65 Reproduktionen unseres Bandes sind eine Auswahl aus dem Zyklus „Das zerstörte Dresden" von 1945/46.

Im Katalog der Dresdner Ausstellung von 1966 schreibt Wilhelm Rudolph, er habe „unmittelbar nach dem Angriff begonnen (zu zeichnen), und diese Arbeit hat mich gegen zwei Jahre festgehalten ... Bei dieser Arbeit war ich bestrebt, den unmittelbaren Eindruck des Krieges und der gewaltsamen Zerstörung festzuhalten. Die 150 Blätter sind ein geschlossenes Ganzes". 1959 wurde die gesamte Folge vom Dresdener Kupferstich-Kabinett gekauft, dem wir an dieser Stelle für die Reproduktionsgenehmigung freundlich danken. Werner Schmidt schrieb 1970 im Katalog der Ausstellung „Fünf Städte mahnen": Es ist „ein zeichnerisches Dokument, das die Tatsachen der Wirklichkeit selbst zum Sprechen bringt und damit der Wucht des historischen Phänomens gerecht wurde".

Zu dem Dokument-Werk „13. Februar 1945", das Rudolph bis etwa 1949 beschäftigte, gehören neben den 150 Blättern vom „zerstörten Dresden" etwa 200 Aquarelle und aquarellierte Zeichnungen „Dresden als Landschaft" sowie die druckgrafischen Zyklen: „Dresden 1945 – Nach der Katastrophe" (35 Holzschnitte), „Aus" (47 Holzschnitte), „Dresden 1945" (20 Holzschnitte und Lithographien, in kleiner Auflage erst 1955 gedruckt). „1972 wurde das gesamte Material neu gesichtet, die besten Blätter zu der letztgültigen Folge „Dresden 1945" (55 Holzschnitte der Jahre 1945 bis 1947) zusammengefaßt, vom Künstler mit der Hand gedruckt und vom Verlag der Kunst zu Dresden in nur drei Kassetten-Exemplaren verlegt." (Lothar Lang)

1983 erschienen 56 Blätter zum Thema in dem Band Wilhelm Rudolph „Dresden 45", Holzschnitte und Federzeichnungen, mit einem Essay von Horst Drescher, RUB 993.

INHALT